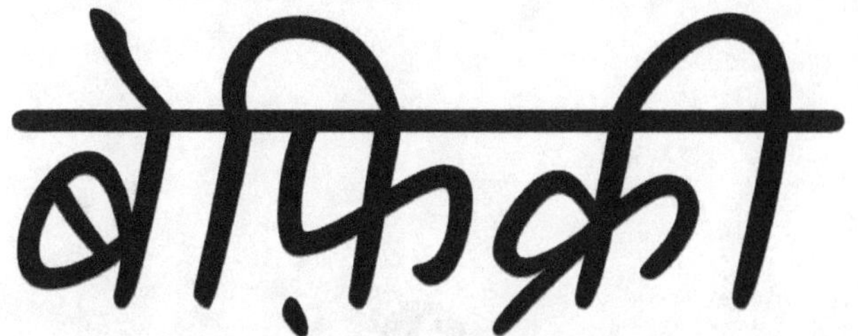

Sidhant

INDIA • SINGAPORE • MALAYSIA

ISBN

Hardcase 979-8-89632-425-6
Paperback 979-8-89588-966-4

फ़ेहरिस्त

शोख़

संजीदा

आग़ाज़

अरे आप यहाँ तक आ गए?

बहुत बहुत शुक्रिया।

आज के वक़्त में शायरी और किताब दोनों को इतनी तवज्जो कहाँ मिलती है, उसपे अगर शायर भी नया हो बिना रुतबे, बिना नाम वाला, मेरे जैसा, तो किताब को टटोल लेना भी आपका बड़प्पन और मेरी ख़ुशनसीबी है.

चलिए आप यहाँ तक आ गए हैं तो लाज़मी है के मैं आपका इस किताब से तआरुफ़ भी करा दूँ और थोड़ा आगाह भी कर दूँ.

ये मेरी पहली किताब है, पिछले बीस एक साल से जो देखता, सुनता, सोचता आया हूँ वही सब, थोड़ी बहुत तुकबंदी कर के आप तक लाने की कोशिश की है। ज़्यादातर तो बात ग़ज़ल की आवाज़ में ही कही है मगर आपको कुछ ग़ैर-मुरद्दफ़ ग़ज़लें, कुछ हिन्दी की कविताएँ और कुछ नज़्में भी मिल जायेंगी यहाँ, देवनागरी में लिखी हिंदवी में।

उर्दू ज़बान में ना मेरी तरबियत है और ना शायरी का ज़्यादा इल्म, बस इकतरफ़ा इश्क़ समझ लीजिए।

अगर आप इस ज़ुबान और इस फ़न की पकड़ रखते हैं तो मुआफ़ी चाहूँगा, आपको शायद मेरी कमज़ोरियों साफ़ दिख जायें. मुझे मालूम है के कुछ ग़लत अल्फ़ाज़ या, बहरी ख़ामियाँ, पढ़ने का मज़ा किस हद तक ख़राब कर देती हैं

मगर, मुझे ये भी यक़ीन है के कुछ एक शेर आपकी दाद के लायक़ ज़रूर होंगे. तो अगर हो सके तो थोड़ा वक़्त ज़ाया करियेगा इस किताब के साथ।

अगर आप मेरी तरह सिर्फ़ नज़्मों, ग़ज़लों के आशिक़ हैं. शेरो-शायरी का शौक़ रखते हैं, मगर अच्छे लिखने वालों से ज़्यादा मुलाक़ात नहीं हुई है, तो मुझे उम्मीद रहेगी के ये किताब आपको सफ़र का हौसला दे, वो सफ़र जो आपको मेरी इन कच्ची पंगडण्डियों से हो कर उन आलीशान रास्तों तक ले जाए, जहां सुख़न के असली जादूगर रहते हैं।

आइये चलते हैं।

नज़राना

ये किताब नज़र करना चाहूँगा उन सबको, जिनकी वजह से मैं वो हूँ, जो मैं हूँ।

मेरा ख़ानदान जहां उर्दू मादरी-ज़बान तो नहीं थी मगर रोज़ की बातों में ऐसे ही महकती हुई मिल जाती थी जैसे खीर में ज़ाफ़रान के तार।

पापा और माँ, जिन्होंने मुझे सोच और तजुर्बों की आज़ादी दी। कुछ बेहतर करने की सलाह और दुआ तो दीं, मगर रिवायतों की बंदिशें नहीं।

समीक्षा जी, जो इनमें से काफ़ी शेरों की रूह भी हैं, सारे शेरों की पहली सामेआ' भी रही हैं और 20 सालों से इन सबको मेरी लापरवाही से बचा कर रखने वाली पहरेदार भी।

दोनों माएँ, पूर्णिमा काशिवा जी और सविता पँवार जी जिन्होंने इस किताब की बेशुमार ख़ामियों को रफ़ू करने में मेरी मदद करी।

मेरे बच्चे, संयुक्ता (10 साल) सुमेर (8 साल) जिनका इस उम्र में इनमें से कई जज़्बात समझ पाना मुझे हैरान भी करता है और इत्मीनान भी देता है। इन्होंने मुझे फ़क्र के साथ साथ अपने कुछ नायाब sketch ideas भी दिये इस किताब में शुमार करने के लिए।

और हाँ उन सभी दोस्तों को जो मुझमें एक शायर भी देख पाते हैं।

हिस्से

कहते हैं हर इंसान में, कई इंसान रहते हैं, ख़ुशी, अफ़सोस, ग़म, उम्मीद हम सब ये सब जीते हैं। एहसासों को ख़ानों में बाँट लेना तो नामुमकिन है पर सहूलियत के लिए इस किताब को दो मुख़्तलिफ़ हिस्सों में बाँट दिया है। दोनों हिस्सों में मोहब्बत, ज़माने के हाल और ख़ुद की अकासी के रंग हैं; कुछ सवाल पूछते हुए तो कुछ तक़रीर करते हुए।

शोख़

यहाँ वो सब ग़ज़ल और कुछ नज़्में रहती हैं जो अगर असरदार रहीं तो आपको थोड़ी सी टीस मगर हल्की मुस्कुराहटें भी दे दें.

सफ़ा 13 से सफ़ा 59

संजीदा

बेफ़िक्री, संजीदा कैसे हो सकती है?

मेरा मानना है के जहां सिर्फ़ अपना वुजूद बचा कर रख पाना भी एक जद्दोजहद हो वहाँ अपने आप से परे, किसी और ग़म को महसूस कर पाने के लिए भी थोड़ी तो बेफ़िक्री चाहिए।

ये हिस्सा थोड़ा ज़्यादा सब्र माँगता है, यूँ कहिए के अलग अलग क्यारियों से बटोरे हुए दर्द के फूलों का गुलदस्ता है ये हिस्सा

सफ़ा 63 से सफ़ा 111

फिर से एक बार, यहाँ तक पढ़ने का तहेदिल से शुक्रिया. मुझे ख़ुशी ज़रूर होगी अगर आप मेरे लिखे हुए में अपने ख़याल देख पायेंगे मगर, ये राब्ता नहीं भी हो पाये तब भी दुआ करूँगा के शायरी के साथ आपकी मोहब्बत ज़रूर बड़ती रहे.

शोख़

playful/mischievous/saucy/cheerful

नटखट, चंचल, चपल

Sumer Swarup Kashiva

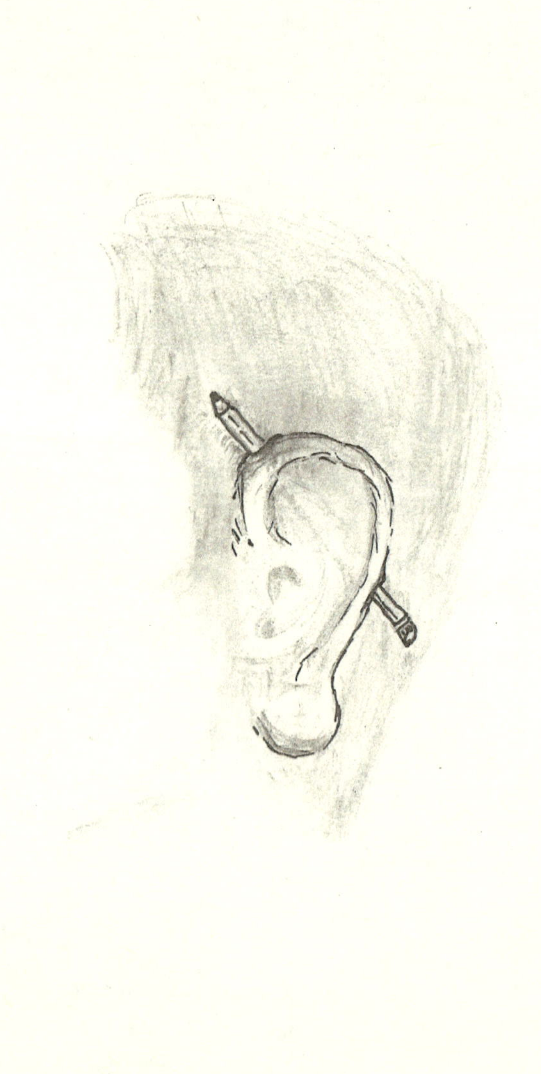

बेफ़िक्री

जिये जाते हैं ख़्वाबों में, ये दुनिया क्या कुशादा है
जो हाथ आया वो काफ़ी है, ना मिल पाया, ज़्यादा है
बड़ी मुश्किल से लाए हैं, ये "बेफ़िक्री", बचा कर हम
ना हमसे बेसबब पूछो, के आगे क्या इरादा है
वो होंगे और, जिनको आरज़ू है, आसमानों की
हमारा तो, पुराना सा, ज़मीं से एक वादा है
कहाँ तक और चलती है, हमारी दोस्ती देखें
मैं रुक जाने का आदी हूँ, वो उड़ने पे आमादा है
मैं इतना जानता हूँ, इत्तेफाक़न, तुम नहीं मिलते
यहाँ तक आये हो, बोलो, तुम्हारा क्या तगादा है
कहाँ सिक्कों में गिनने बैठते हम ज़िंदगी अपनी
ज़रा शिकवे, गिले कम हैं, यही अपना इफ़ादा है
मैं उठ जाता हूँ महफ़िल से, वज़ाहत पे जहां हो ज़ोर
मेरी आवाज़ भारी है, मगर मज़मून सादा है
बड़ी मुश्किल से लाए हैं, ये बेफ़िक्री बचा कर हम,
ना हमसे बेसबब पूछो के आगे क्या इरादा है

कुशादा - wide, extensive / फैला हुआ, खुला हुआ
इफ़ादा - profit, gain / लाभ, फ़ायदा
वज़ाहत - explanation, clarification / स्पष्टीकरण
मज़मून - meaning, key message / मूल अर्थ, मतलब

तलबगार

तू तो आतिश है, तेरे जलवे का, कोई पार नहीं
क्या करूँ, मेरी ही क़िस्मत में जो, दीदार नहीं
क्यों मुझपे ही रहती हैं, तेरी, नियामतें ग़ाफ़िल
वैसे तो तग़ाफ़ुल, तेरा किरदार नहीं
या तो, तेरी फ़ितरत में नहीं, चारा-गरी, या
दिल उस मे'यार का अभी, बीमार नहीं
वैसे तो है मशहूर, मेरा बात बनाना
क्यूँ तुझ पे, मेरी बात असरदार नहीं
मैं हूँ, के बेताब हुए जाता हूँ, बेहद
वो संग-दिल, ज़रा भी, बेक़रार न
देखूँगा आज, रो के भी मैं, उनकी ख़ुदाई
देखो ज़रा, बारिश का तो, आसार नहीं
माना के मैं करता हूँ, खुलेआम मिन्नतें
तुम ही बताओ, कौन तलबगार नहीं
सोचा तो जुनूनी था पर, लिखा है सुस्त सा
देखूँ ज़रा, कलम ही तो बेकार नहीं

ग़ाफ़िल - careless/असावधान
तग़ाफ़ुल - negligence / जान-बूझ कर की जाने वाली उपेक्षा या लापरवाही
चारा-गरी - preparing a remedy / चिकित्सा, उपचार
मे'यार - measure, yardstick / पैमाना, नाप

कड़ी धूप में

बड़े महफ़ूज़ रक्खे हैं
जो टुकड़े ढूँढ रक्खे हैं

कड़ी है धूप, ग़र साये की हो दरकार, तो कहना
मेरे काग़ज़ पे, कुछ टुकड़े, तो बादल के भी रक्खे हैं

मेरी आवाज़ ना पहुंचे, तो बढ़ कर ख़ुद पकड़ लेना
तराने भर के गुब्बारे, हवा में छोड़ रक्खे हैं

अकेले मेरी ही हालत है ज़ाहिर, ऐसा लगता है
ज़माने भर ने मेरे ही फ़साने खोल रक्खे हैं

तुझे कर पाऊँ बयाँ, ऐसा लिखना चाहता हूँ मैं
तेरे काबिल कहाँ हैं वो, जो अब तक बोल रक्खे हैं

सुख़नवर और भी हैं, हम कहाँ, महफ़िल में ठहरेंगे
कभी तन्हाई में सुनना, कुछ इक जो, हमनें लिखे हैं

फ़रियाद

मौक़ा-ए-फ़रियाद तो मिल ही जाता है मग़र
अपना हाले-दिल बयाँ हम अब ज़ुबानी क्या करें
उनको है मालूम हर एक साँस की जब जुस्तजू
बोलकर जज़्बात से ये बेईमानी क्या करें
रोज़ लिख कर फाड़ते हैं, एक नया अंजाम हम
पूरी होती ही नहीं है ये कहानी क्या करें
काश लिखें हों, कुछ एक दिन, तो तेरे आस पास
वरना है किस काम की, ये ज़िंदगानी क्या करें
जानते हैं दिखने भर से इश्क़ तो होगा नहीं
रोज़ देते हैं सलामी, आदत पुरानी क्या करें
खर्च कर देते हैं शब-ओ-रोज़ तेरे ख़याल में
इससे बढ़कर और हम अब राएगानी क्या करें
काश हम भी जानते, कोई मंतर, कुछ जादूग़री
शेर से ही फूँक के रक्खा है पानी क्या करें
कर तो देते हम तेरे जुल्मों सितम सबको बयाँ
छोड़िये पर इश्क़ में ये बद ज़ुबानी क्या करें

शब-ओ-रोज़ - night and day, always / रातदिन, हर समय
राएगानी - useless, wastage / बरबाद, बेकार

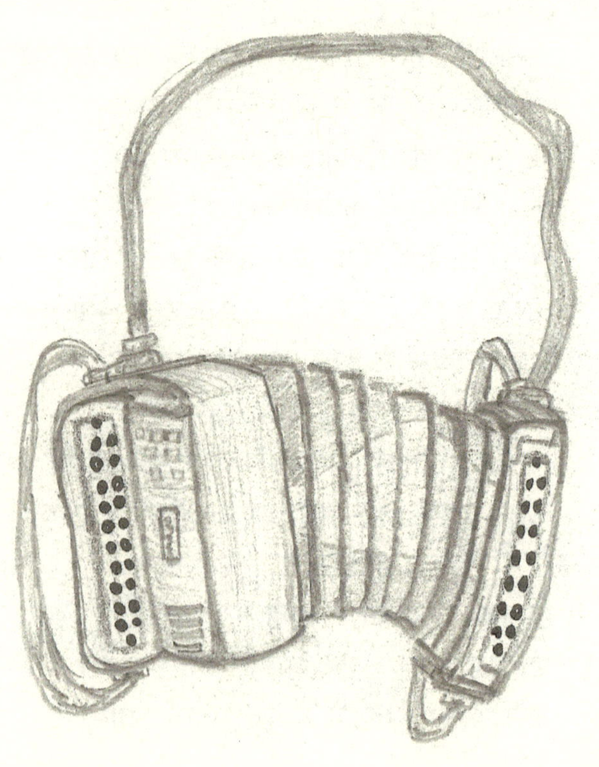

शेर सुनाने हैं ज़रा

थोड़ी तकलीफ़ देना चाहूँगा, थोड़े से शेर सुनाने हैं ज़रा
मैं अभी नया नया शायर हूँ, आप महबूब पुराने हैं ज़रा

ज़रा हौले से ही बोलूँगा, ज़रा आवाज़ बचानी है मुझे
आप नज़दीक से ही सुन लीजे, महफ़िल में ज़ोर लगाने है ज़रा

इश्क़ के शेर सुनियेगा, के ज़माने के, वस्ल वाले सुनाऊँ, या के दग़ा खाने के
आपका दिल किधर को जाता है, मुझको अंदाज़े लगाने हैं ज़रा

आँखें जो बंद कर लीजिएगा, शेर का और लुत्फ़ आयेगा
जिन जज़्बात से ये लिखे हैं आपको एहसास कराने हैं ज़रा

देखिए उठ के तो ना जाइए अब, थोड़ा सुख़न पे ही रहम करिए
अभी ये शेर ज़रा कच्चे हैं, आप से पक्के कराने हैं ज़रा

माना जँचता है आप पर ये ग़ुरूर, पर हमें यूँ तो ना, ख़ारिज कीजे
कुछ एक हम को भी सुन लेते हैं, कुछ तो हमपे भी दीवाने हैं ज़रा

WILL YOU BE
MY VALENTINE

आइये कभी

कुछ वक़्त आप हम पे भी, ज़ाया तो कीजिए
कभी बेवजह भी हम को बुलाया तो कीजिए
हम मानते नहीं हैं, कोई भी रिवायत
कभी बेझिझक, बेइत्तिजा, आया तो कीजिए
जब राब्ता नहीं है तो, दुआ सलाम क्यों
ये बेरुख़ी, अच्छे से, निभाया तो कीजिए
ढक कर नहीं रख पातीं नज़र, मुस्कुराहटें
ग़ुस्सा ज़रा शिद्दत से, दिखाया तो कीजिए
लगते हैं पाक साफ़ से, सब दोस्त आपके
मुझ जैसे कुछ रफ़ीक, बनाया तो कीजिए
अफ़वाह सुन ही ली हैं तो, तस्दीक़ भी हो जाये
कुछ शामें मेरे साथ बिताया तो कीजिए
सब्ज़ी का भाव, शेरो-अशार, दोस्तों के ऐब
मैं सब में लुत्फ़ लूँगा, सुनाया तो कीजिए
कुछ वक़्त आप हम पे भी, ज़ाया तो कीजिए
कभी बेवजह भी हम को बुलाया तो कीजिए

तस्दीक़ - attestation / प्रमाण, प्रमाणित करना

सरताज

रख तो लेते तेरे हर राज़ छुपाये लेकिन,
है तेरा ज़िक्र, मेरे नाम का मोहताज कहाँ
नाचता, झूमता दिखता है हर बीमार तेरा,
रोग पेंचीदा है, इसका सहल इलाज कहाँ
हवाएँ बांध के पाओं में फिरा करते हो
है मुक़र्रर जो मुलाक़ात तो फिर, आज कहाँ?
यूँ ही झुकतीं हैं नज़र, तू जो नज़र आ जाये
तुझपे फिर लाज़मी है तख़्त कहाँ, ताज कहाँ
ख़ैर-मक़दम की आरज़ू करें नये से मुरीद
है तजुर्बा हमें ये आपका मिज़ाज कहाँ
हमको मंज़ूर है बस अद्ल-गुस्तरी तुमसे
फ़ैसला छोड़ के जाते हो तुम सरताज कहाँ

सहल - easy, simple, effortless / सुलभ, सुविधाजनक, आसान
अद्ल-गुस्तरी - dispensing justice / न्याय करना, इंसाफ़ करना
ख़ैर-मक़दम - welcome / स्वागत

अब के बरस

माँगने को नहीं है कोई दुआ अब के बरस
जो हुआ, जैसे हुआ, अच्छा हुआ, अब के बरस
        ना गर्म लूह, ना पतझड़, ना जाड़े का क़हर
        साल भर मौसम-ए-बहार रहा अब के बरस
उनके ही नाम का रोज़ा, उनके दिखने से ईद
मुआफ़ करना मुझे, इक बार ख़ुदा, अब के बरस
        या तो कुछ और हसीन हो गया शहर अपना
        या अलग सा है कुछ, ख़ुमार मेरा, अब के बरस
शामें पहले भी क्या, यूँ सुरमई सी होती थीं
या तुमसे सीख लिया, तौर नया, अब के बरस
        रंजिशों के लिए कोई जगह बची ही नहीं
        दिल है बस, इश्क़ का ही, आशियाँ, अब के बरस
क्या कमाया, क्या बचा, क्या हो गया ज़ाया मुझसे
मुझको पड़ता नहीं है फ़र्क़ ज़रा, अब के बरस
        वक़्त की इत्तदा से तय था हमारा मिलना
        देखिए, वक़्त भी वो आ ही गया, अब के बरस

वो तेरी भाभी है

तवज्जोह

यूँ तो तारीफ़ किया करते हैं महफ़िल में सभी,
तू जो तवज्जोह दे दे, शेर का मज़ा तब है
मेरे हर शेर में दिखती है बस तेरी ही झलक,
क्या करूँ सोचके तुझको ही, लिखा सब है
हिज्र के नाम के आँसू बहाना आसाँ है
वैसे सुकून हमें वस्ल में, हुआ कब है?
बड़े पेंचीदा हैं ये इश्क़ के भी रस्मों रिवाज
ये कब तलक है अक़ीदत, और ख़ता कब है?
इब्तिदा से ही मेरा हाल ज़रा नाज़ुक था
कोई बताएगा मुझको, के इंतहा कब है?
उन्हें बता रहे थे कितना लड़े उनके लिए
और वो हंसके पूछते हैं, मुक़दमा कब है
उनकी नफ़रत और मोहब्बत में ज़्यादा फ़र्क़ नहीं
कहते हैं जान से जाओ तो वफ़ा तब है
ये तो बस आदतन हम सज संवर के रहते हैं
वरना मिलने के लिये कोई बुलाता कब है
है इकतरफ़ा, सो निभ रहा है, इतनी मुद्दत से
इतना लंबा, मेरा रिश्ता कोई, रहा कब है

और बताओ

अल्फ़ाज़: बोहत दिन से दिखे नहीं, कहाँ busy रहते हो.
बताओ?

जज़्बात: *तुम्हें तो पिक्चरों का शौक़ था,*
किताबें तो हाथ में कभी देखी नहीं.
फिर क्या खींच ले गया था उस दिन, वो lit-fest में तुमको.
अपडेट देखी थी मैंने
तब से बस सोच में हूँ, कौन ले गया था तुमको
बताओ?

अल्फ़ाज़: और, क्या चल रहा है आजकल, बताओ?

जज़्बात: *क्या लग रहे हो, सोचा नहीं था, brown भी इतना फब सकता है किसी पे*
ख़ैर मेरा क्या है, मुझको तो वो... grey वाली पुरानी सी टी शर्ट में भी ग़ज़ब लगते हो
बताओ ना, अब कौन सा रंग, दिल में रहता है तुम्हारे, बताओ?

अल्फ़ाज़: वो नयी मूवी देखी क्या?

जज़्बात: *उसमें कितना कुछ हमारे जैसा था ना? हर सीन में, मुझको अपनी कहानी दिख रही थी। वही कश्मकश, वही दोस्ती में छुपी मुहब्बत, वही बोल ना पाना, वही दूर से, देर तक, देखते रहना, कभी offline कभी online, पर महसूस कर पाना*

गाने नहीं हैं अपनी कहानी में,

पर कुछ poems लिखी हैं, अभी rough हैं, जब सही होंगी सुनायेंगे।

हाँ वो फ़िल्म थी, तो तीन घंटों में राज़ खुल भी गये, वो मिल भी गये।

हमें कुछ साल लग गये, पर, एक दिन तो तुम भी समझोगे।

तुम्हें भी दिखते हैं क्या, हम दोनों screen पे,

बताओ?

अल्फ़ाज़: वीकेंड का कुछ प्लान है क्या?

जज़्बात: *सवाल इतने हैं के, रात दिन, एक उम्र भर पूछा करूँ, तो भी ख़त्म ना हों*

मगर हिम्मत नहीं, के पूछ लूँ

अगर मेरे सवालों में, तुम्हें बंदिश दिखी तो?

बातें इतनी हैं कहने को, के अल्फ़ाज़ ख़त्म होने तक कहूँ, फिर नये अल्फ़ाज़ गढ़ूँ, फिर तुम्हें नये अल्फ़ाज़ में, कुछ नये एहसास सुनाऊँ

मगर हिम्मत नहीं के कह सकूँ

अगर तुमको मेरी बातों में, बस तुम्हें पा लेने की कोशिश दिखी तो?
मैं खुश हूँ,
मैं खुश हूँ, दिख रहे हो
मिल रहे हो, बात करते हो
कुछ भी, बस कुछ भी, बात करते जाओ

अल्फ़ाज़: और बताओ?

दाग़ अच्छे हैं

तुम्हारे तो नहीं हिलते हैं कदम, और क्या करते?
तेरी बस्ती में बसने आ गये हम, और क्या करते?

वफ़ादारी की क़समें थीं तो झूठी, पर निभाते हैं
मेरे यारों में थीं मशहूर एकदम, और क्या करते?

उठाना तो नहीं आसाँ तेरे नख़रों के ज़ख़ीरे
लगा रखा है हमने आख़िरी दम, और क्या करते?

बदल पाये ना मेरी खुशमिज़ाजी कोशिशें कर के
तो अब पीते है मेरे साथ में ग़म, और क्या करते?

बड़ी मुद्दत से मुझको लूटने का मन जो था उनका
उठा कर ले गये वो मेरा क़लम, और क्या करते?

आजकल दिख रहे हैं, पढ़ते हुए, दूसरों के शेर
भला इससे बड़ा वो मुझपे सितम, और क्या करते?

मेरी दिलकश जवानी, तुझको बड़ा, बेचैन रखती है
रवाँ करते हैं रोज़ अपने भरम, और क्या करते?

अश्क़ थे, शायरी थी, और हमें परहेज़ भी ना था
तो हम ले आये फिर एक और सनम, और क्या करते?

चालीस पार

इश्क़ मुमकिन है चालीस पार, हमको लग रहा है
फ़तह हो जाएगी इस बार, हमको लग रहा है
हाँ शशके थे, मगर बाइक पे दिक़्क़त भी तो होती थी
भरोसेमंद है ये कार, हमको लग रहा है
जमा हैं थोड़े पैसे, अब तो उजरत भी मुक़र्रर है
मोआश्का होगा बिन उधार, हमको लग रहा है
साँस चढ़ती है कभी, दर्दे दिल, जोड़ों में होता है
मोहब्बत के ही हैं बीमार, हमको लग रहा है
ज़रा महँगी है फ़ुरसत, पूरा हफ़्ता तो बिका सा है
मगर काफ़ी है एक इतवार, हमको लग रहा है
वो घर में ही तो हैं, रिश्ता भी है, है प्यार भी
ज़रा कमज़ोर है इज़हार, हमको लग रहा है
पुराने इश्क़ में, वापस नया तड़का लगाते हैं
मज़ा उसमें अलग है यार, हमको लग रहा है
इश्क़ मुमकिन है चालीस पार, हमको लग रहा है
फ़तह हो जाएगी इस बार, हमको लग रहा है

उजरत - salary
मोआश्का - courtship

SUN
N

जोड़ी बढ़िया है

हमें तुमसे, तुम्हें हमसे, कोई बेहतर मिला होता
ना होते, इस कदर पूरे, जो ऐसा हो गया होता
ये रूई से भी हल्के, खिलखिलाते, वक़्त के टुकड़े
ये मीठी तल्खियाँ, ये गुनगुने से, शोख़ से लम्हे
अगर हम, हम ना होते, तो भी क्या ऐसा रहा होता?
ना होते, इस कदर पूरे, जो ऐसा हो गया होता
मेरी आदत है चुप रहना, तुम्हें है शौक़, कहने का
अगर दोनों ही चुप रहते, तो मुर्दा, ये मकाँ होता
ना होते, इस कदर पूरे, जो ऐसा हो गया होता
मैं अक्सर दे ही देता हूँ, तुम्हें वजहा, सुलगने की
मसर्रत की फुहारें, जो ना होतीं, तो कैसा हादसा होता
बचा के रख रहे हो, जाने कैसे, फ़र्शों छत अब तक
अगर हमपे रहा होता, तो अब तक ज़लज़ला होता
ना होते, इस कदर पूरे, जो ऐसा हो गया होता
बड़े नाज़ुक से धागे हैं, बिखरती फ़ितरतें बांधे
जो तुम साहिल ना होतीं, मैं तो कब का बह गया होता
हमें तुमसे, तुम्हें हमसे, कोई बेहतर मिला होता
ना होते, इस कदर पूरे, जो ऐसा हो गया होता

मसर्रत - pleasure, joy / आनंद, ख़ुशी,

कमबख़्त आरज़ू

हों जायें मुक़म्मल भी ग़र, क़िस्मत की आरज़ू
ज़िंदा रहेंगी फिर भी, ज़रूरत की आरज़ू
हमको गुनाहे-शौक़ मुबारक, उन्हें ख़ुदा
रखते हैं ज़िंदगी में ही, जन्नत की अरज़ू
मिलते रहे हैं दिल को सहारे तो जाँ बजाँ
हाये ये ज़ब्त क्यों नहीं, क़ुरबत की आरज़ू
उनको ही माँगते रहे, हर इक दुआ में हम
जो रख रहे थे, हमसे ही, फ़ुर्क़त की आरज़ू
राहे बहिश्त माँगती हैं, महनतें बोहत
हमको बोहत है, चैन से रुख़्सत की आरज़ू
बैठेंगे कभी दर पे तेरे, बन के सवाली
जब ना रहेगी दिल में, ये इज़्ज़त की आरज़ू
बेकार मेरे नाम पे हैं तौहमतें हुज़ूर
मुझको रही नहीं कभी शौहरत की आरज़ू

बहिश्त - Paradise, Heaven / The garden of Eden
सवाली - a beggar, a petitioner / याचक, माँगने वाला

ज़िदगी Tough
हम buff...

रहती कहाँ हो ज़िंदगी?

याद तुम्हें करता हूँ अक्सर, सूरत लेकिन याद नहीं
रहती कहाँ हो ज़िंदगी?
मिल जाती हो कभी अचानक, बैठे मेरे सिरहाने तुम
याद दिला देती हो फिर से, क़िस्से नये पुराने तुम
कभी हँसी तो कभी नमी
रहती कहाँ हो ज़िंदगी?
धूल में मेरा छोटा सपना, जब धुंधला सा हो जाता है
मीलों चलके आया साहस, सड़क किनारे सो जाता है
पीठ पे हल्की थपकी दे कर
फिर आगे हो ले जाती
रहती कहाँ हो ज़िंदगी?
आँखो में दिखती हो मुझको
हाथों से छूती भी हो
बारिश, धूप, हवा के जैसे, कहीं हमेशा होती हो
बाहर जितना शोर हो चाहें
तुमको, सुन लेता हूँ, कभी कभी

रहती यहाँ हो ज़िंदगी, तुम रहती यहाँ हो ज़िंदगी।

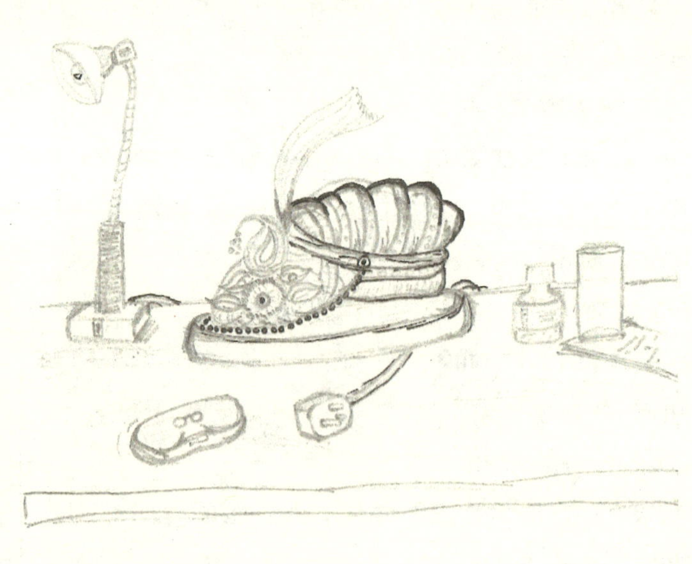

बादशाह सलामत हैं?

हम जा रहे हैं नींद की आग़ोश में

हमारी ख़्वाबगाह में ना तख़्त के दाँव पेंच, ना ताज की ज़िम्मेदारियाँ ना संतरी, ना मंत्री (*मंत्री वैसे जादू मंतर करने वाली जैसी नहीं लगती designation?, हाँ वैसे जादू सा करते भी हैं मंत्री*)

ख़ैर मैं कह रहा था
मतलब, हम फ़र्मा रहे थे
के हम जा रहे हैं नींद की आग़ोश में

और हमारी ख़्वाबगाह में किसी को इजाज़त नहीं के हमारे आराम में ख़लल डाले

मुझको कोई परेशान ना करे
लोन का interest बढ़ गया है
ज़ुकाम है छोटे वाले को
हमारी बात ही नहीं हो पाती आजकल

फ़ैमिली WhatsApp group पे फिर किसी को wish करना भूल गया

इस साल टारगेट पूरा होगा क्या?
अरे अरे, बायीं करवट नहीं,
बायीं करवट सो गया, तो सुबह होगी, दर्द के पागोश में
हमें कल फिर सल्तनत सम्भालनी है
हम जा रहे हैं नींद के आग़ोश में

पागोश - गोता, डुबकी / plunge, dive

क्लोज्ड
माइक

सुनो ज़रा

हम अपने नाम की जब भी सदा सुनते हैं
नयी आवाज़ में एक नयी सज़ा सुनते हैं
बात तो तब है के, दुश्मन की दाद मिल जाये
हम तो फिर हम हैं, मुरीदों की कहाँ सुनते हैं
उनसे रहती है, मुसलसल सी, दुश्मनी अपनी
जिनको भी मीरे-शेहर, शाहे-जहाँ, सुनते हैं
कभी होते थे मेरे ज़िक्र में क़सीदे भी
अब जो सुनते हैं, बस वो ख़ुश्क बयाँ सुनते हैं
कैसे होगी बसर ये जिंदगी, ये दिक़्क़त है
हम को तो मुफ़्त में, बस यार यहाँ सुनते हैं
दिख रहा है मुझे, के रंग बदलना होगा
अब वही बिकता है, जो अब के जवाँ सुनते हैं
आज बैठेंगे कहीं, जाहिलों की महफ़िल में
आजकल ग़ौर से, बस लोग वहाँ सुनते हैं

सदा - voice, echo / ध्वनि, गूंज
मुरीदों - disciple, follower / भक्त, चेला
मीरे-शेहर - Chief, leader of a city / अफ़्सर, सरदार
शाहे-जहाँ - king of the world / संसार का राजा
क़सीदे - poem, poetry, eulogizing a person / प्रशंसा, तारीफ़

कार्य प्रगति
पर है
WORK IN
PROGRESS

बूढ़ा पीपल अमर रहे

नौकरी में हुई, ज़रा गड़बड़
हमने अम्मा को फ़ोन खड़काया
आजकल काम ठीक करता नहीं
वो जो पीपल पे जल चढ़ाती हो

क्या अब भी भीड़ लगा करती है
अब भी क्या रोज़ वहाँ जाती हो
काम क्यों आ नहीं रहा मेरे
वो जो पीपल पे जल चढ़ाती हो

स्कूल से नाम कटा था मेरा
तब तो ये फिर भी काम आया था
क्या शहर तक नहीं हैं इसकी जड़ें
जिसको तुम देवता बताती हो

मैंने सुना था यहाँ लोगों से
अच्छे मंदिर में टिकट होता है
बूढ़े पीपल को हवा लग गयी है
तुम तो बस मुफ़्त में नहलाती हो

होगा भगवान, है तो गांव का
थोड़ी मिन्नत से मान जाएगा
एक दो, व्रत से, मना लो उसको
तुम तो वैसे भी, कम ही खाती हो

अम्मा बोलीं, के वो पीपल तो गया
उसकी जगहा से, अब तो, एक सड़क जाती है
ढूँढ लो तुम कोई भगवान उधर महँगा सा
जिसकी, थोड़ी तो, सुनी जाती हो

सारे ग़म भगाए, अदरक वाली चाय

बात सच्ची है, तो बू मारेगी
इत्र तुम जिस भी हद तक डालो
रिश्ते कितने भी बेतकल्लुफ़ हों
लहज़े में थोड़ी सी झिझक डालो
झुर्रियाँ उम्र तो बता देंगी
बाल में रंग तुम बेशक डालो
माना पीतल है बिक तो जायेगा
थोक के भाओ ग़र चमक डालो
जम गये हैं जो दिल क्या पिघलेंगे
चाहें तुम इश्क़ की भभक डालो
सिसकियाँ गले में जो अटकें तो
चाय में थोड़ी सी अदरक डालो

"it's not you,
it's me"

महफ़िल महफ़िल

हमारा साथ भी अब मुस्तक़िल होता भला कैसे
के हम फ़ानूस जैसे थे, वो महफ़िल की, शमा जैसे

नहीं ऐसा नहीं, उनको वफ़ा करनी नहीं आती
इतनी आती थी के, बस एक से रहती भला कैसे

हमारी इस अदाकारी के अब तो हम भी क़ायल हैं
के खुश दिखते हैं अब भी, हमने आख़िर ये किया कैसे

वो जाते जाते कहते थे, के वो ही हों ग़लत शायद
और हम हैरत में थे, उनको ये शीशा दिख गया कैसे

कभी बैठेंगे, सोचेंगे, ये हिम्मत थी के बेज़ारी
ये रिश्ता टूटना तय था, मगर हम से हुआ कैसे

मुस्तक़िल - stable, permanent / अटल, स्थिर

deep, serious

गंभीर, जंचा-तुला

सलाम

कोई कहे के आपने कोशिश नहीं करी
कोई कहे के ठीक परस्तिश नहीं करी
हम लिख रहे है बंदिशों को तोड़ने की बात
वो पूछते हैं, लफ़्ज़ों में क्यूँ, बंदिश नहीं करी
उर्दू को नमस्कार किया, हिन्दी को भी सलाम
हमसे किसी ज़ुबान ने रंजिश नहीं करी
वो रूह की स्याही से तो, लिखा नहीं होगा
जिस शेर ने आवाज़ में, लरज़िश नहीं करी
किस काम का कलाम, अगर यूँ ही कह गये
सामे'ईन में, हल्की सी भी जुंबिश नहीं करी

परस्तिश - devotion, worship / पूजा, सम्मान की चरम-सीमा
बंदिश - the act of binding/ बंधन, रुकावट and
Musical pattern/ शब्द योजना, रचना।
लरज़िश - trembling, quivering / थरथराहट, कँपकँपी
जुंबिश - Movement, Motion/ गति, हिलना-डुलना
सामे'ईन - audience / सुनने वाले

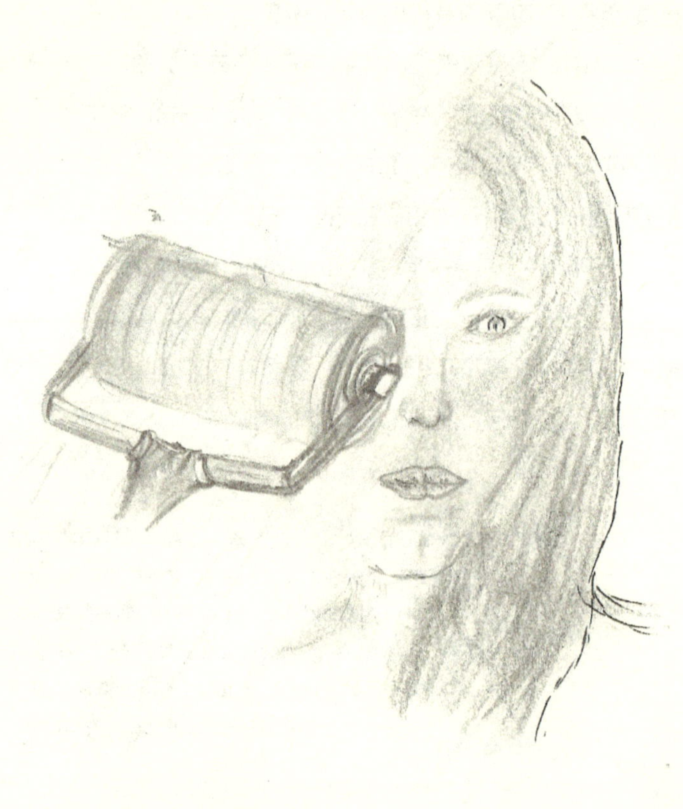

आज का मिज़ाज

अब ये सीरत कहाँ ही दिखती है, मैं तो सूरत पे पूरा एहतियात रखता हूँ
कौन पौहँचेगा मेरी नियत तक, मैं जो तहज़ीब-ओ- तलफ़्फ़ुज़ से बात रखता हूँ

मुझको आदत है सर उठा के बात करने की, ऊँचे लोगों से ही बस ताल्लुक़ात रखता हूँ
अब मैं ख़ुद से भी नहीं मिलता, तफ़री के लिए, फ़ायदा देख के ही मुलाक़ात रखता हूँ

भूल जाऊँ ना कहीं मुफ़लिसी के हाल मेरे, जेब में भर के रास्ते की ख़ाक रखता हूँ
जब मेरा खून उनके शौक से भी सस्ता था, ध्यान में अब भी मैं, वो हालात रखता हूँ

ज़्यादा खुश रहते हैं वो, जो की कम सोचते हैं, इल्म से दूर की दुआ सलाम रखता हूँ
अब नहीं जलना मुझे आतिशी जुनूँ में कभी, गुज़ारे भर की ही बस इत्तिलात रखता हूँ

बड़ा पक्का हूँ मैं मज़हब से वफ़ादारी में, जो बुलंदी पे हो मैं वही ज़ात रखता हूँ
ईद आने को है महँगी है ज़कात, अपने हर जुर्म से ख़ुद ही निजात रखता हूँ

तहज़ीब - politeness, manners / शिष्टाचार, संस्कार
तलफ़्फ़ुज़ - pronunciation, articulation, / शब्द उच्चारण, लहजा
इत्तिलात - information, news / सूचना, जानकारी
ज़कात - charity, donation / दान, ख़ैरात
निजात - salvation, pardon / मुक्ति, माफ़ी

मेहमान

चलो अब भी है शहर में ज़रा हस्ती अपनी, अब भी बहस का मसअला, काम मेरा है
कोई दे दाद, कोई तंज़ तो कोई अफ़सोस, आज फिर ज़ोर पे महफ़िल में नाम मेरा है

वैसे तो आदतन रईस रहा हूँ मैं भी, पर अमीरी से मेरा दूर का ही रिश्ता है
ज़िंदगी भर की मेरी मिलकिय्यत समेंटे है, ये जो पुर्ज़ों में बिखरता कलाम मेरा है

छूट जातें हैं मुझसे जो भी क़रीब आते है, मेरे सदमों की फ़ेहरिस्त बहुत लंबी है
चलिए अच्छा है इसी बात से फिर याद आया, कम से कम ये तो उठा लूँ जो जाम मेरा है

मेज़बानी का नया तौर चला है शायद, वो बुलाते भी हैं, और ग़ौर भी नहीं करते
मुझको क्या, मैं भी इत्मीनान से बैठा हूँ यहाँ, कौन अब इंतज़ार-ए-एहतिराम मेरा है

चार पन्ने, कलम, और एक प्याला, सज गयी है मेरी दुकाँ फिर से
रोज़ होते हैं ये जज़्बात नुमाइश पे खड़े, रोज़ी, रोटी का यही इंतज़ाम मेरा है

मिलकिय्यत - property, possessions / संपत्ति, जायदाद
एहतिराम - holding in veneration, reverence / सम्मान, सादर-सतकार

अलविदा

बेवजह क्यों किसी के नाम पे रोया जाये
चैन भी क्या कोई ज़ेवर है, के खोया जाये

जीना दुशवार है, इस बेख़ुदी की हालत में
ना होशमंद रहा जाये, ना सोया जाये

कब तलक़ थाम के बैठूँ मैं, नफ़स हाथों में
जुस्तजू कम हो, इसको मय में डुबोया जाये

लगी तो होगी मशक़्क़त, मुझे भुलाने में
गोया, कोई दाग़, एहतियात से धोया जाये

चलिए एक बार फिर से अलविदा तो कह दीजे
चलिए फिर, दर्द नया सा कोई, बोया जाये

नफ़स - soul, self / अस्तित्व, आत्मा
गोया - as if, like / जैसे, मानो

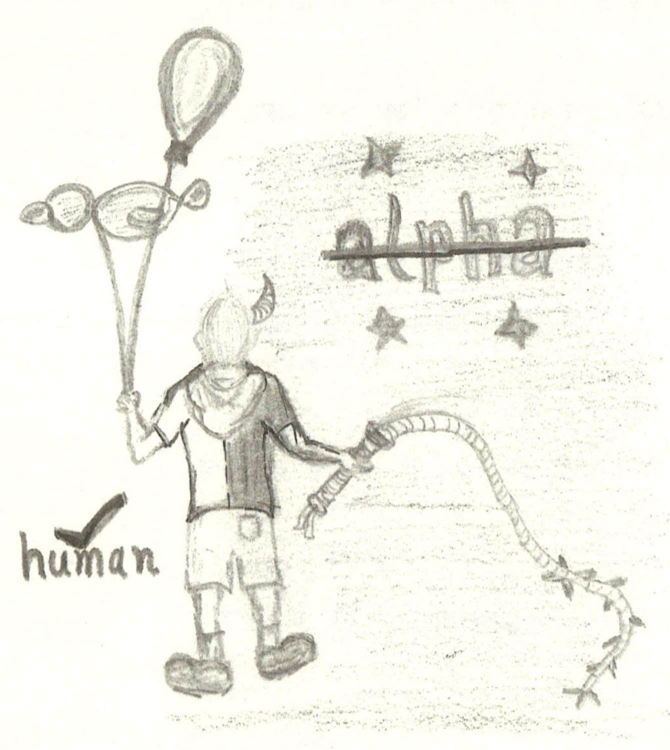
alpha
human

जब मेरे लड़के को नाँक पोंछना आ जाएगा

अभी तो थोड़ा छोटा है, थोड़ा बेपरवाह है,
माँ की सब सुनता हैं, बहन के साथ खेलता है।
थोड़ा थोड़ा करके, इसका भी तो बचपन जाएगा
जब मेरे लड़के को, नाँक पोंछना आ जाएगा।
दुनिया इसकी छोटी है, अपने ही ज़्यादा हैं
अनजानों से थोड़ा कम ही मिलता हैं
जैसे जैसे बढ़ती जायेंगी इसकी नज़रें,
इसको भी तो वही ज़हर दिखता जाएगा।
जब मेरे लड़के को नाँक पोंछना आ जाएगा।
पीड़ा, कुंठा, आक्रोश, जलन
इन सबसे मिलना तो होगा
पर ये उनके साथ कहीं,
रिश्ता तो नहीं बनाएगा?
जब मेरे लड़के को नाँक पोछना आ जाएगा।
हम जैसे घरों के लड़के भी तो
खबरों में आया करते हैं
उनके माँ, बाप भला उनको
क्या कुछ ग़लत सिखाया करते हैं?

है कौन जो कहता होगा तुम जो चाहें कर लो?
चाहें हाथ लगाओ, या बेशर्म से DM भेजो
        तुम मानो बाहर की औरत को एक खिलौना
        जज़्बात को गंदे हाथों से मटमैला कर दो
तुम इश्क़ करो कुछ ऐसा, दुनिया भी हिल जाये
वो ना माने तो उसपे फिर तेज़ाब छिड़क दो
        सबका है काम, तुम पे जान छिड़कना, बेटा
        बाहर ना कर पाओ, तो घर में दहशत कर लो
बीवी पे हाथ उठाना, वैसे तो, हक़ है तुम्हारा
फिर बाद में चाहे उसको अपनी गलती कह लो
माना सिखलाते नहीं ज़ुल्म,
पर लड़कों को, इसाँ होना कौन सिखाएगा?
        जब मेरे लड़के को नाँक पोछना आ जाएगा।

ये कौन कहेगा?
ये कौन कहेगा?
औरत को देवी मत बोलो
बेईमान तराज़ू में तुम कुछ भी मत तोलो
ना सोचो वो बस सही करें,
जो लिखा है बस वही करें
जब माँगो तब वरदान करें
अपने सपनों का दान करें

इतना बोझ उठाये तो, कोई भी गिर जाएगा
जो गिरा उसे हर कोई ग़लत बताएगा
बच्चों को नहीं सिखाया तो, जो होता था, होता जायेगा
जब मेरे लड़के को नाँक पोंछना आ जाएगा
मेरा लड़का भी तो घर से बाहर जाएगा,
ये भी तो उन जैसे कुछ तो दोस्त बनाएगा
क्या ये बाहर भी, घर अपना ले जा पाएगा?
कुछ मैल तो लगना तय है पर, क्या ये उसको धो पाएगा
जब मेरे लड़के को नाँक पोछना आ जाएगा
अब किस लहज़े मैं बात करूँ, कैसे इसमें ये सोच भरूँ
है किसी में कोई फ़र्क़ नहीं, सब में जीते हैं ख़्वाब कई
तू दोस्त भी बन, तू साथ निभा,
तू इश्क़ भी कर, इज़हार दिखा
लेकिन रख याद अगर इंकार भी मिल जाएगा
तू फिर भी ना कीचड़ से हाथ मिलायेगा
क्या थोड़ा सा माँओं के जैसा बन पायेगा?
जब मेरे लड़के को नाँक पोछना आ जाएगा।

कैसे समझाऊँगा इसको?
क्या ये कह पाऊँगा इसको?
की लड़ जाना तू, कहीं अगर जो लाज़िम हो
जो ग़लत करे वो चाहें जितना आज़म हो
तू रहना सच के साथ खड़ा, चाहें हो जितना झूट बड़ा

तू गिर जाये शायद, लेकिन टूट ना पाएगा
तेरे हिस्से का, देर सही, मिल जाएगा

क्या ये सब उसको कहने से समझ में आयेगा
जब मेरे लड़के को नाँक पोछना आ जाएगा।

चाहिए ना कुछ भी और हमें
तू प्यार, करे
खुद्दार बने
चाहे फिर कुछ भी और बने
हमको तो तुझपे, फ़क्र हमेशा आयेगा
तू भी शायद इसमें सुकून ही पाएगा

ये बातें शायद बिना कहे, सुन पाएगा
जब मेरे लड़के को नाँक पोछना आ जाएगा

चाक-ए-दिल

चाक-ए-दिल के हिसाब हैं तो नहीं, गुर्बतें बेनक़ाब हैं तो नहीं
मुझसे पूछे तेरी नज़र तआरुफ़्, इतने हल्के सवाब हैं तो नहीं

चलिए कच्चे से दिलासे ही सही, बेवजह का मलाल क्या कीजे
मेरा हर ज़ख़्म माईने रखे, इतने मुमकिन ये ख़्वाब हैं तो नहीं

माना हालत मेरी है ख़स्ता दम, पर ज़रा सब्र से तो पेश आओ
तुम भी अरसे से घुल रहे हो यहाँ, तुम पे भी वो शबाब हैं तो नहीं

हम से उम्मीद रख रहे हो ग़लत, हम कहाँ ज़ुल्मतों से लड़ते हैं
बस ये कपड़े सफ़ेद पहनें हैं, हम कोई माहताब हैं तो नहीं

वक़्त, क़िस्मत, ख़ुदा, कोई तो ले ज़िम्मा, ये मेरी क़ुव्वत से बहुत ज़्यादा है
माना टेढ़े से ऐब रखते हैं, पर कोई शौक़ से खाना ख़राब हैं तो नहीं

गुर्बतें - poverty / निर्धनता
सवाब - पुण्य / requital, or reward for meritorious or virtuous act
ज़ुल्मत - darkness / अंधकार, तम
क़ुव्वत - energy, strength / ऊर्जा, ताक़त

चिटका पैमाना

चलो तन्हाई को, महफ़िल का तौर देते हैं
चिटके पैमाने तो, साक़ी भी छोड़ देते हैं

उनसे क्या बात करें, दिल के उजड़ जाने की
वो तो हर बात, मौसमों पे मोड़ देते हैं

हमारा हक़ है, उनकी हर एक परेशानी पे
चलो, ये रिश्ता भी हम ख़ुद ही तोड़ देते हैं

कहाँ ये हाल, के बिखरे हुए बैठे हैं हम
कहाँ वो ख़्वाब, के हम उनको जोड़ देते हैं

कुछ तो मेरी भी है आदत कुछ भी कह देना
बाक़ी ये लोग भी, बातें मरोड़ देते हैं

आरज़ू, हसरतें, उम्मीद, सब चली जायेंगी
वक़्त के हाथ, सब कुछ निचोड़ देते हैं

शाबाश क़लन्दर

सच पीके, झूट बोल दूँ, फ़ितरत यही सही,
है सब को ज़माने में ये आदत, यही सही
करतब हैं बस, क़लन्दरी करता हूँ और क्या,
फ़न है मेरा यही, तो फिर शौहरत यही सही
चलिए सुनाये देतें हैं कुछ वहशियाना शेर
रखते हैं आप इसकी ही हसरत, यही सही
लेना ही है ज़हर, तो फिर मोल भाव क्यूँ
तय है अगर जो मौत की क़ीमत, यही सही
शाइस्तगी को मुफ़लिसी, जब मानते हैं लोग
हम भी किया करेंगे अब हुज्जत, यही सही
सुरख़ाब से दिखते हैं, सुर्ख़ खूँ में नहाए
ग़र तौर में है आज, तो ज़ीनत यही सही
बारूद बेचते हैं जो, दैर-ओ-हरम में
उनकी चमक रही है अब क़िस्मत बड़ी सही
सूरत भी हो, सीरत भी हो, लेकिन ज़ुबाँ ना हो
आओ बना दे काँट के औरत सही सही
जब माँगना ही है, तो टुकडों से क्या परहेज़
जो छीन लो तब मिलती है उजरत, कहीं सही

शाइस्तगी - decency, politeness / शिष्टता; शराफ़त
हुज्जत - argument, altercation / बहस, झगड़ा
दैर-ओ-हरम - Place of worship / मंदिर और मस्जिद

IF LOST
CONTACT
if lost, contact...

बस कहानी है

जो तेरी है कहानी, वो तो मेरी भी कहानी है
फ़र्क़ इस बात से पड़ता है, के किसकी ज़ुबानी है

ये तो बस शौक़ है मेरा, के मैं मशहूर हो जाऊँ
वगरना हद की पेंचीदा, यहाँ सब की कहानी है

मैं करता हूँ जो बातें नफ़रतों की, चाशनी भर के
उन्हें लगता है के शायद, मोहब्बत की कहानी है

मुझी से फूटती है, पर मुझे बहने नहीं देती
ये क्यूँ ठहरी ज़हन में मेरे नाशुक्री कहानी है

ना हल्के में लिया करिए, पके बालों के गुफ्फों को
अदाओं में जो दिखती है, जवानी की कहानी है

पढ़ा जो ग़ौर से तो, आख़िर में सच ही जीता था
समझ में आ गया हमको, के बच्चों की कहानी है

शायद

प्यार हमको है यक़ीनन, शायद
साथ हैं हम क्या आदतन? शायद
तुझको रहती हैं ख़ुश्बूओं की कसक
मुझको भी चाहिए गुलशन, शायद
जुस्तजू सर्द होती जाती है
मिट ही जाएगी ये चुभन, शायद
घर का चूल्हा नहीं जला कब से
खुश तो होंगे ये बर्तन, शायद
घिस रहा है ये जोड़ सालों से
टूट जाएगा दफ़'अतन, शायद
क्या दरीचों से निकल पाएगी?
आरज़ू की है ये घुटन, शायद
चेहरा बेजान ही है दिल की तरह
चली ही जायेंगी शिकन, शायद
उनपे भी ग़ौर, लाज़मी होता
मैं भी होता जो पुर-सुख़न, शायद

दफ़'अतन - suddenly, abruptly / अचानक, अकस्मात
दरीचा - window / खिड़की, झरोखा
शिकन - wrinkles (esp. on the forehead) / झुर्री, सिलवट
पुर-सुख़न - filled with poetry / कविता; शायरी से भरा हुआ, पूर्ण

छोटा आदमी

क्यों, कठघरे में, खड़ा हूँ मैं, अभी इतना कहाँ बड़ा हूँ मैं
मैं तो हालात से ही जूझता था, इस ज़माने से कब लड़ा हूँ मैं

मैं तो चल दूँगा, जिधर को भी हवा जाती हो, कहाँ ज़मीन में गढ़ा हूँ मैं
जो भी बोलोगे मान जाऊँगा, थोड़ा कम ही लिखा पढ़ा हूँ मैं

देखिए रीढ़ की लचक तो जनाब, कब किसी बात पे अड़ा हूँ मैं
ज़मीर फिर से बात करने लगा, ये किस अज़ाब में पड़ा हूँ मैं

सीधा सीधा चलूँगा, घर नहीं जाऊँगा, जल्द ही मर जाऊँगा
अदना सा एक प्यादा ही हूँ, अब कौन सा घोड़ा हूँ मैं

उनको रंजिश नहीं कोई मुझसे, वो तो बस आज ज़रा बे-दिल थे
थोड़ी सी रौनक़ें करने के लिए, आज सलीब पे चढ़ा हूँ मैं

सलीब - सूली, फाँसी

डर

कैसे निकलेगा अब ये डर मुझसे
खो गयीं हिम्मतें किधर मुझसे
        क्यों मैं साये पे शुबा रखता हूँ
        पूछते हैं ये शजर मुझसे
हादसा था कोई नया तो नहीं
जा रहा क्यूँ नहीं असर मुझसे
        अब तलक जान-ओ-माल बाक़ी है
        खो गया क्यूँ सुकूँ मगर मुझसे
मैं ही ख़ुद से चुरा ना लूँ ख़ुद को
रहती है मेरी ही नज़र मुझपे
        है क्या नफ़े में जिंदगी का हिसाब
        पूछती है मेरी उमर मुझसे
है मेरी वहशीयत भरोसेमंद
दूर ही रखो ये ख़ंजर मुझसे
        तुम को कुछ और काम है के नहीं
        क्यूँ मुखातिब हो तुम इधर मुझसे

नया
नाम

बेरंग सहर

लाख कोशिश करूँ, नींद नहीं आती मगर
जाने क्यूँ शोर सा रहता है, इस सुनसान पहर
    दर-ओ-दीवार से तो बनता है
    रह गया क्या, दर-ओ-दीवार ये घर
नाम बदला है, क्या अब ये, निशाँ भी बदलेंगे
धीरे धीरे, नहीं रहेगा क्या, ये मेरा शहर
    वो क्या करें, अगर शोलों को हवा भी ना करें
    जले उम्मीद तो, चलती है, उनकी गुज़र बसर
आये हैं माँगने, तो देखलो तुम जी भरके
आयेंगे तख़्त पे जब, फिर नहीं आयेंगे इधर
    फ़क़ीर थे, कुछ एक रोज़ में ख़ुदा होंगे
    अभी बाक़ी हैं तमाशे, ज़रा सा और ठहर
कुछ तो मेरे ही ख़यालों में, ख़राबी होगी
मुझको ही लगती है क्यूँ, उनकी हर एक बात ज़हर
    जाम चलने दो, खिड़कियों को बंद रहने दो
    शाम ही मान लो, बेरंग ही आनी है सहर

उल्टा क्यों बोलता है?

यूँ भी कहते हैं, वो अच्छा है, जो नरम बोलता है
और फिर मुझसे पूछते हैं, तू, क्यूँ कम बोलता है
सुनाई दे कभी तो मुझको कोई बात मेरी
मेरी आवाज़ में क्यों सब का भरम बोलता है
तेरे सदक़े, तेरी बंदगी के सदक़े
उनके फ़िक़रों, को भी तू फ़ज़्ल-ओ-करम बोलता है
वो जो फोटो में मुस्कराता हुआ दिखता है
मिलो तो जाने क्यों ख़ुशियाँ हैं कम बोलता है
मैंने इस तरह, ज़िंदगी लतीफ़ा कर ली
जो भी मिलता है मुझको, ख़ुश-फ़हम बोलता है
अपने size की बना लेता है मुश्किलें इंसान
कम तो क्या, ज़्यादा में भी है ग़म बोलता है
ख़ुद ही भरता रहा सामान बेवजह तू भी
और सर-ए-राह, अब थकते हैं कदम, बोलता है

ना इल्ज़ाम, ना इंतज़ाम

फिर से इस जाम पे इल्ज़ाम, क्यों रखें हम
अपनी ग़फ़लत का कोई नाम, ही क्यों रखें हम
ज़ा रहा है, ये वक़्त, इश्क़ में सुनहरा सा
आरज़ू में कोई अंजाम ही क्यों रखें हम
ग़र ये तय है, के हर एक जुर्म, दर्ज है मेरा
तो फिर बाक़ी कोई इल्ज़ाम, ही क्यों रखें हम
शोर कम रहता है, त'अल्लुक़ात कम कर के
बेवजहा का यह एहतिराम ही, क्यों रखें हम
कुछ एक दोस्त ही आयेंगे जनाज़े पे मेरे
बताओ उसका इंतज़ाम भी, क्यों रखें हम
काट के पाँव, कर लिये हैं, चादर जितने
उम्रभर हसरतें नाकाम ही, क्यों रखे हम

4BHK

मेरे घर में जो चार कमरे हैं
ख़ालीपन की मे'यार कमरे हैं

कुछ तो रहते हैं लोग भी लेकिन
बोलते बार बार कमरे हैं

रंग सब पे नया नया है जब
दिखते क्यों तार तार कमरे हैं

अब कहाँ बारिशों का मौसम है
घर भी मेरा नहीं है उम्र दराज़
फ़र्श पे ओस सी क्यों दिखती है
रोते क्या ज़ार ज़ार कमरे हैं

घर था छोटा तो सट के रहते थे
थी तो क़िल्लत मगर सुकूँ भी था
अब तो दिखने की भी दुश्वारी है
मेरे जेल की दीवार कमरे हैं

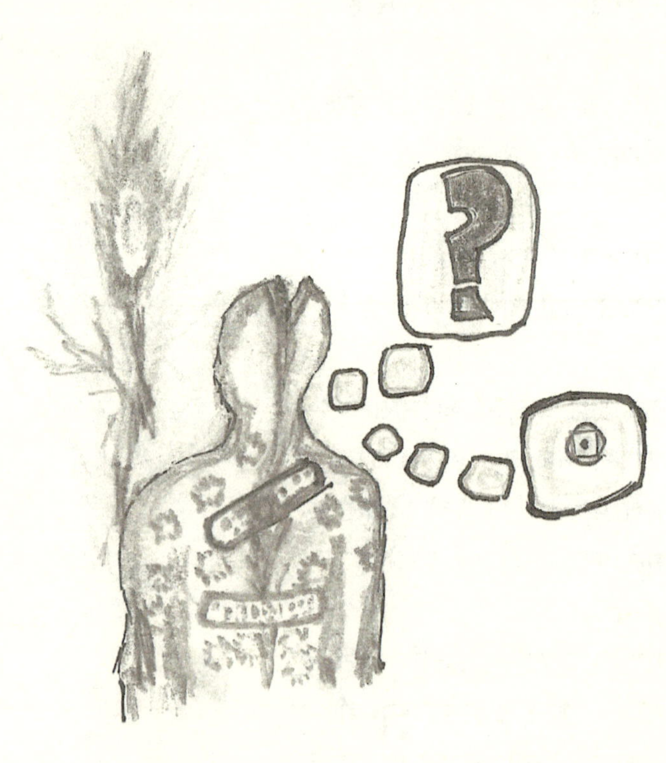

मैं कैसा कवि हूँ?

गढ़ता हूँ सुंदर छवियाँ, शब्दों के रंगों से,
पर उन सारी छवियों में मैं तो, कहीं नहीं हूँ
मैं कैसा कवि हूँ?
नक़ली आभूषण, लगती हैं क्यों, मेरी, सारी, कविताएँ,
भीतर भीतर, क्या मैं भी, इतना खोटा, ही हूँ
मैं कैसा कवि हूँ?
क्या मेरे मन में भी अब, थोड़ी आशंका है?
मैं भी तो सब कुछ झाड़ पोंछके के, लिखता ही हूँ
मैं कैसा कवि हूँ?
है कालजयी कवियों की धरा ये, जो रक्त से भी सच लिखते थे
कुछ तीखी बातें करते थे, कुछ समय से आगे चलते थे
और आज देखिये मैं अमुक, चलना जिसको है फूँक फुँक
मैं उन उन्मुक्त विचारों का, उत्तरदायी हूँ?
मैं कैसा कवि हूँ?

मैं देख रहा हूँ, सोच रहा हूँ, फिर भी, धुआँ बेच रह हूँ
इस घृणित पूँजी का, मैं भी तो फिर, एक भागी हूँ
मैं कैसा कवि हूँ?
क्या मुझमें संयम से बचके, थोड़ा विरोध भी पलता है?
क्या मुझमें अब तक भी, झूट से भिड़ जानें की, क्षमता है?

उन कवियों के, मुझमें भी कुछ तो, अवगुण होंगे
मैं भी तो अंश उन्हीं का ही हूँ
मैं ऐसा कवि हूँ
मैं कैसा कवि हूँ?

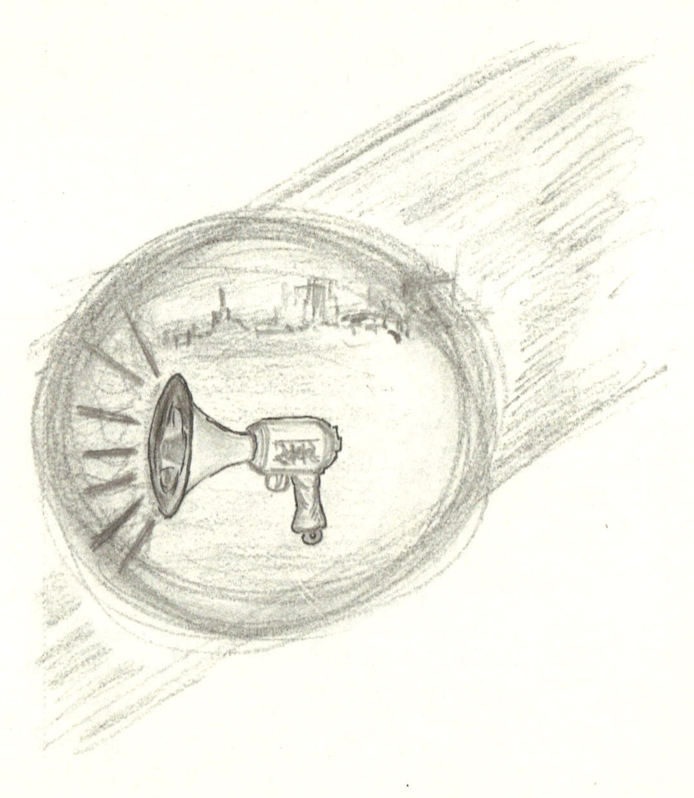

मोहब्बत मर गयी

अदावत बढ़ गयी है, कह रहे हैं
सख़ावत डर गयी है, कह रहे हैं
चलो कुछ फूल हम भी फेंक दें उसके जनाज़े पे
मोहब्बत मर गयी है, कह रहे हैं
बिना मतलब की यारी दोस्ती अबसे नहीं होगी
वो आदत मर गयी है, कह रहे हैं
फटाफट का ज़माना है, जो धीमें से सरकती थी
वो उल्फ़त मर गई है, कह रहे हैं
शहर तो है हँसीं लेकिन हवा में बू सी रहती है
कुदरत मर गई, कह रहे हैं
झुके काँधे, झुकी गर्दन, बँधी आँखें ही दिखती हैं
जवानी खूबसूरत, मर गई है, कह रहे हैं
यहाँ है सब मुहैया, एक उँगली के इशारे से
हाँ ज़ाहिर है, शिद्दत मर गई है, कह रहे हैं
रहे आवाज़ भारी, चाहें अपनी बात हल्की हो
नज़ाकत मर गई है, कह रहे हैं
बहुत मज़बूत ताले आ गये हैं अब बाज़ारों में
शराफ़त मर गई है, कह रहे हैं
बड़ी इज़्ज़त दिखाई, देके गुलदस्ता किया रुखसत
हमारी भी ज़रूरत मर गई है, कह रहे हैं

वो गलत
वो गलत

ज़मीनें खूब महँगी हैं, तो फिर जानें हुआ क्या है
हमारे घर की क़ीमत मर गई है, कह रहे हैं

किताबें जल रही हैं, सोच पे महसूल रखा है
जहालत डर गई है, कह रहे हैं

फ़सानों पे ही है अब, ज़िम्मेदारी सच बताने की
हक़ीक़त मर गयी है, कह रहे हैं

लिखा है कब्र पर उनकी, वो लड़ते थे हुकूमत से
मुसीबत मर गई है, कह रहे हैं

ख़लल अब कुछ नहीं है रौंदिये जिसका भी हक़ चाहें
बग़ावत मर गई है, कह रहे हैं

वो आज़ादी जो आयी थी, वो इनके हाथ में थी अब
ना सह पायी हिफ़ाज़त, मर गई है, कह रहे हैं

बना डाला है आलीशान सा, इक बुत अमन वाला
चलो अच्छा है नफ़रत मर गई है, कह रहे हैं

के अबसे तयशुदा है, सिर्फ़ नारों पे रहेगा ज़ोर
इबादत मर गई है, कह रहे हैं

अभी भी चल रही हैं, मज़हबों की सब दुकानें पर
वो जन्नत मर गई है, कह रहे हैं

नहीं हो पाएगा इलाज इन टूटी लकीरों का
ये क़िस्मत मर गई है, कह रहे हैं

सुहूलत का कफ़न फेंको, फिर उसकी नव्ज़ जाँचो तुम
ग़लतफ़हमी है, हसरत मर गई है, कह रहे हैं

अगर जो हार गया तो क्या होगा?

मान किसने दिया था दान में जो छीन लेगा
अपमान होगा
अगर जो हार गया तो क्या होगा॥
भुजाओं के बल पे, आस में तप के,
अपनों के प्रेम से, और परिश्रम से
कमाया था जो कुछ वो बह गया
तब भी अचल अनुभव रहेगा॥
अगर जो हार गया तो क्या होगा॥
हाँ पग पग पे मिलेंगे, कटु शब्द, अट्टहास
तुझे पीड़ा भी होगी, तेज तेरा श्रीण होगा
ये सब बाधाएँ तो परिचित हैं॥
तू क्यों भयभीत होगा॥
अगर जो हार गया तो क्या होगा
सकल सृष्टि में चलता है
बनने और बिगड़ने फिर से बनने का ही शाश्वत चक्र
तू धरती पे गिरा तो, बीज बनकर फिर उगेगा
अगर जो हार गया तो क्या होगा॥

Light my old friend

Light my old friend,
It's been long but we meet again.
    I traveled far in search of you,
    to see again your gracious hue.
I was looking, here and there,
while you were present everywhere.
    I waited in the cold dark night,
    and now we meet, my old friend light.

- Sanyukta Kashiva

www.ingramcontent.com/pod-product-compliance
Lightning Source LLC
LaVergne TN
LVHW091025150826
845672LV00006BA/1688

* 9 7 9 8 8 9 5 8 8 9 6 6 4 *